Schönheiten
VOM BLECH

Schönheiten vom Blech

Jasmina Tvrdak

Schnelle und einfache Kuchen zauberhaft verziert

Inhaltsverzeichnis

Basic Backrezepte

VANILLEKUCHEN-GRUNDREZEPT

» ZUTATEN

Für ein eckiges Backblech
25 cm x 35 cm

240 g weiche Butter
250 g Zucker
2 Päckchen Vanillezucker
6 Eier (Größe M)
300 g Mehl
8 g Backpulver
1 Prise Salz

» ZUBEREITUNG

1 Den Backofen auf 175 °C (Ober-/Unterhitze) vorheizen. Das Backblech mit Fett einpinseln und mit Mehl bestäuben – so lässt sich der Kuchen nach dem Backen leicht herauslösen. Die Butter und Zucker mit Vanillezucker in einer Rührschüssel mit dem Mixer sehr cremig rühren, ca. 5 Minuten lang. Danach die Eier einzeln und gründlich unterschlagen (ca. 20 Sekunden pro Ei).

2 Das Mehl mit dem Backpulver und Salz sieben, mischen und vorsichtig unter die Butter-Eier-Zucker-Masse rühren. Nur so lange rühren, bis keine Klumpen mehr zu sehen sind (1 Minute reicht!).

3 Den fertigen Teig in das vorbereitete Backblech füllen und ca. 25–30 Minuten backen (Stäbchenprobe mit einem Schaschlik-spieß machen). Anschließend den Kuchen eine Stunde auskühlen lassen, bevor es mit der Dekoration weitergeht.

» VARIANTEN

» Haselnussteig: Geben Sie zum Schluss noch 75 g gemahlene Haselnüsse dazu.

» Zitronen/Orangenteig: Geben Sie dem Teig Schalenabrieb von einer Bio-Zitrone oder -Orange hinzu.

» Fruchtig: Sie können vor dem Backen auch frische Früchte wie z. B. Himbeeren, Aprikosen oder Kirschen (ca. 300 g pro Rezept) in den Teig zugeben. So wird der Kuchen besonders fruchtig und saftig.

Schokoladen-Buttermilch-Kuchen

» Zutaten

Für ein eckiges Backblech
25 cm x 35 cm

250 g weiche Butter
280 g Zucker
2 Päckchen Vanillezucker
6 Eier (Größe M)
300 g Mehl
10 g Backpulver
50 g Backkakao
200 ml Buttermilch
1 Prise Salz

» Zubereitung

Den Backofen auf 175 °C (Ober-/Unterhitze) vorheizen. Das Backblech mit Fett einpinseln und mit Mehl bestäuben. Die weiche Butter, Zucker und Vanillezucker in einer Rührschüssel sehr cremig rühren. Die Eier einzeln untermengen. Das Mehl mit dem Backpulver und Salz sieben, mischen und vorsichtig unter die Butter-Eier-Masse rühren. Nur so lange rühren, bis keine Klumpen mehr zu sehen sind (1 Minute reicht!). Den Backkakao mit der Buttermilch verrühren und dem Teig zugeben. Alles vermischen und in das vorbereitete Backblech füllen. Den Kuchen 30–35 Minuten backen.

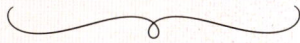

Carrot Cake

» Zutaten

Für ein eckiges Backblech
25 cm x 35 cm

450 g Karotten
400 g Mehl
2 ½ TL Backpulver
1 TL Natron
2 TL Lebkuchen Gewürz
1 Prise Salz
300 g brauner Zucker
6 Eier (Größe M)
150 g Öl
200 g Schmand

Optional:
150 g gehackte Nüsse

» Zubereitung

Die Karotten schälen, fein Raspeln und auf dem Küchenpapier auslegen. Den Backofen auf 175 °C (Ober-/Unterhitze) vorheizen. Das Backblech mit Fett einpinseln und mit Mehl bestäuben. In einer Schüssel das Mehl mit Backpulver, Natron, Gewürz und Salz mischen. In einer anderen Schüssel Zucker und Eier mit einem Schneebesen kurz aufschlagen. Öl und Schmand hinzufügen und glattrühren. Die Karotten zu der Mehl-Mischung geben und gründlich vermengen. Die Eier-Masse dazugeben und glattrühren. Wenn gewünscht die gehackten Nüsse hinzufügen und mit dem Teig vermischen. In das vorbereitete Backblech füllen. Den Kuchen 30–35 Minuten backen. Zu diesem Kuchen passt ein Frischkäse-Sahne-Frosting hervorragend.

Basic Cremes

Puddingcreme

» Zutaten

600 ml Milch
110 g Zucker
2 Päckchen Puddingpulver
300 g weiche Butter

» Zubereitung

1 500 ml Mich in einem Topf zum Kochen bringen. Die restlichen 100 ml Milch mit Zucker und Puddingpulver in einer kleinen Schüssel glattrühren. Sobald die Milch anfängt zu kochen, die Milch-Pudding-Mischung unterrühren und unter ständigem Rühren ca. 2 Minuten bei mittlerer Hitze kochen. Damit sich auf dem Pudding beim Abkühlen keine Haut bildet, kann er direkt auf der kompletten Oberfläche mit Frischhaltefolie abgedeckt werden. Den Pudding für mindestens 2 Stunden auf Zimmertemperatur abkühlen lassen.

2 Als Nächstes die weiche Butter in eine Rührschüssel geben und sie mit einem Rührgerät rühren, bis sie eine schaumige Konsistenz erreicht und hell wird (3–4 Minuten). Den erkalteten Pudding mit einem Rührgerät gründlich verrühren, bis er eine cremige Konsistenz erreicht. Nun den Pudding esslöffelweise unter Rühren (mittlere Geschwindigkeit) unter die geschmeidige Butter geben und die Creme fertig verrühren.

SCHOKOLADENGANACHE

Eine Ganache ist eine Creme aus Schokolade und Sahne. Man kann sie aus verschieden Sorten Schokolade herstellen. Je nach Schokoladensorte ändert sich das Verhältnis der Zutaten. Die Vorgehensweise bleibt aber gleich. Hier sind die verschiedenen Varianten in den Mengen für ein eckiges Backblech 25 cm x 35 cm:

» ZUTATEN

Vollmilchganache:
450 g Vollmilchschokolade
300 g Sahne

Weiße-Schokoladen-Ganache:
500 g weiße Schokolade
250 g Sahne

Zartbitterganache:
600 g Zartbitterschokolade
400 g Sahne

» ZUBEREITUNG

Schokolade klein hacken und in eine Schale füllen. Sahne auf mittlerer Hitze erwärmen, bis diese fast zu köcheln anfängt. Sahne sofort über die Schokolade gießen und 5 Minuten stehen lassen. Dabei darauf achten, dass die komplette Schokolade bedeckt ist. Anschließend die Schokoladen-Sahne-Masse mit Hilfe eines Schneebesens glattrühren. Die Ganache auskühlen lassen, bis sie Zimmertemperatur und die Konsistenz weicher Butter erreicht hat (2–3 Stunden). Für eine vegane Ganache die Zartbitterschokolade mit Kokosnussmilch kombinieren.

Basic Cremes

Swiss Meringue Buttercreme

» Zutaten

300 g weiche Butter
300 g Zucker
6 Eiweiß
Prise Salz
(je nach Belieben: Aroma)

» Zubereitung

1 Zuerst das Eiweiß (Vorsicht – es dürfen keine Spuren von Eigelb enthalten sein) mit dem Zucker und einer Prise Salz in ein hitzebeständiges Gefäß geben. Ein Wasserbad heiß werden lassen – dabei darf das Wasser aber nicht sprudelnd kochen. Die Eiweiß-Zucker-Masse über dem Wasserbad ca. 5 Minuten erhitzen, bis der Zucker komplett aufgelöst ist. Wenn man sicherstellen möchte, dass die Eier pasteurisiert sind, sollte man mit einem Thermometer messen, ob 60 Grad erreicht sind und danach noch eine Minute weiterschlagen. Ansonsten ist die Masse auch fertig, wenn man beim Reiben von Zeigefinger und Daumen keine Zuckerkristalle mehr zwischen den Fingern spüren kann.

2 Danach die Eiweiß-Zucker-Masse in die Rührschüssel der Küchenmaschine umfüllen und ca. 10–15 Minuten bei hoher Geschwindigkeit mit dem Schlagbesen schaumig schlagen. Die Masse soll eine feste Konsistenz erreichen. Nach 10–15 Minuten den Schlagbesenaufsatz gegen einen Glattrühraufsatz austauschen und die zimmerwarme Butter portionsweise hinzufügen. Bei mittlerer Geschwindigkeit ca. 3–4 Minuten weiter rühren, bis alles glatt vermengt ist und die Creme eine steife Konsistenz erreicht hat. Nach Belieben können noch 1–2 Tropfen Aroma und/oder Lebensmittelfarbe auf Gel-Basis hinzugefügt werden.

Wenn Sie eine fruchtige Buttercreme machen möchten, geben Sie unter Rühren 100 g Fruchtpüree hinzu. Für eine Schokoladen-buttercreme 100 g Zartbitter-Schokolade schmelzen, abkühlen lassen und unter die Creme heben. Nochmals durchrühren, bis alles untervermengt ist.

Frischkäse-Sahne-Frosting

» Zutaten

200 g Frischkäse, kalt
500 g Sahne, kalt
150 g Puderzucker
2 Päckchen Vanillezucker

» Zubereitung

1 Den Frischkäse, Puderzucker und Vanillezucker in die Rührschüssel geben und diese ca. 1–2 Minuten bei niedriger Geschwindigkeit mit dem Schlagbesen mixen. Dann die Sahne hinzufügen und zuerst langsam, dann immer schneller mixen, bis eine feste Konsistenz erreicht ist (ca. 2 Minuten).

Optional: Zur Stabilisierung der Creme und besseren Schnittfestigkeit können 2 EL San-Apart oder Sofortgelatine zugegeben werden. Die Creme sofort verarbeiten.

2 Diese Creme sollte aufgrund ihrer Haltbarkeit innerhalb von zwei Tagen verzehrt werden. Sie eignet sich nicht zum Dekorieren mit Fondant, da der Fondant bei Berührung mit dieser Creme sehr schnell aufweicht.

Fertige
Zuckerblümchen

Silikon-
Flexform

Selbstgemachte
Zuckerblümchen

Papier-
fänchen

Fondant
Ausstecher

Zuckersterne

Fondant
Figur

Schokokugeln

*Kuchen-
kerzen*

Streusel, Figuren, Fondant

Ein selbstgemacher Kuchen lässt sich mit einigen Zuckerstreuseln oder Figürchen im Handumdrehen in eine Schönheit verwandeln. Auf dem Markt (vor allem in Online-Shops) werden unzählige schöne Dekorationen angeboten. Schauen Sie sich am besten einige Woche vor dem besonderen Anlass um – oder bestellen Sie Dekorationen für mehrere Projekte zusammen. So lässt sich Stress vermeiden! Zuckerdekorationen sind meist mehrere Monate haltbar und man kann sich einen schönen Vorrat anlegen – und nach Lust und Laune losbacken!

Zuckerfiguren

Zuckersticks

Baiser

» Zutaten

Für ca. 70 Stück:
4 Eiweiß (120 g)
240 g Zucker
Lebensmittelfarbe nach
Wunsch
Spritztüllen und Spritzbeutel

» Zubereitung

Den Backofen auf 200 Grad vorheizen. Die
Eier trennen und das Eiweiß abwiegen.
In eine Rührschüssel geben. Ein Backblech
mit Backpapier auslegen und Zucker in
gleichmäßiger Schicht draufstreuen.
Den Zucker für 5 Minuten in den Backofen
geben. In der Zwischenzeit die Eiweiße
schlagen, zuerst 4 Minuten bei mittlerer, die
letzte Minute bei hoher Geschwindigkeit.
Den Zucker herausholen und die Temperatur
auf 80 Grad Umluft reduzieren. Den warmen
Zucker Löffel für Löffel zum Eiweiß geben
und sehr steif schlagen. Zum Schluss die
gewünschte Lebensmittelfarbe unterrühren.
Die Masse in einen Spritzbeutel füllen und
die Baisers auf zwei, mit Backpapier ausge-
legte Bleche mit 2 cm Abstand spritzen.
Auf Wunsch mit Streusel verzieren.
Die Backbleche in den Ofen geben und
die Baisers 2 Stunden trocknen.

Dahlie

Schafgarbe

Rose

Blumen

Essbare Blüten sind überall – sie lassen sich z. B. bei einem Naturspaziergang wunderbar sammeln. Außerdem sind sie auf den Wochenmärkten und in Gartencentern, wo sie in Töpfchen in Bio-Qualität verkauft werden, erhältlich. Sie lassen sich auch wunderbar im Garten oder auf dem Balkon anbauen. Selbst aus Samen lassen sie sich kinderleicht ziehen. Und auf jedem Dessert sind sie der Eyecatcher schlechthin. Hier ist eine Auswahl der in diesem Buch verwendeten Blüten.

Zinnie

Dahlie

Schmuckkörbchen (Cosmos)

Gewürz-tagetes

Salbei

Löwenmäulchen

Stiefmütterchen

Ringelblume

Kornblume

Schafgarbe

Flieder

Dahlie

Lavendel

Zitronen-
geranie

Marokanische
Minze

Salbei

21

Material

Auf der Suche nach Online-Shops, die tolle Materialien anbieten?

Zuckerfiguren, Blümchen, Ausstecher, Streusel:
https://www.der-ideen-shop.de/

Fondant, Gelfarben, Pulverfarben, Zuckerkleber, Piping Gel, Blattgold, Palette, Tüllen, Spritzbeutel:
https://www.meincupcake.de/shop/

Rezepte

Mille-Fleurs-Kuchen

» ZUTATEN

Für ein eckiges Backblech
25 cm x 35 cm

Für den Teig:
250 g weiche Butter
220 g Zucker
2 Päckchen Vanillezucker
6 Eier (Größe M)
300 g Mehl
2 TL Backpulver
1 Prise Salz
150 ml Apfelsaft zum Tränken

Für das Topping:
Puddingcreme, Rezept S. 12

Dekoration:
je 50 g Fondant in Rosa, Gelb,
Weiß, Grün und Orange
1 EL Speisestärke
½ TL Palmin
Zuckerperlen in Weiß
Silikon-Flexform

» ZUBEREITUNG

1 Zuerst den Pudding kochen und abkühlen lassen.

2 Das Backblech mit Butter auspinseln und mit Backpapier auslegen. Den Backofen auf 175 °C (Ober-/Unterhitze) vorheizen. Für den Teig die Butter mit Zucker und Vanillezucker ca. 5 Minuten lang schaumig rühren. Danach die Eier einzeln unterrühren. Das Mehl mit Backpulver und Salz sieben und vorsichtig unter die Butter-Eier-Masse geben. In das Backblech füllen und 35 Minuten backen, bis der Teig goldgelb ausgebacken ist. Auskühlen lassen. Den Kuchen mit Apfelsaft tränken.

3 Die Puddingcreme wie auf Seite 12 beschrieben zubereiten und auf dem Kuchen verteilen. Mit einer Palette zuerst glattstreichen, dann ein Rillenmuster aufbringen. Mit Zuckerperlen bestreuen.

4 Den Fondant auf einer sauberen Arbeitsfläche kurz durchkneten und daraus kleine Blümchen mithilfe einer Silikon-Flexform und Ausstecher (Abbildung S. 16) modellieren. Die Flexform mit etwas Palmin fetten, so kann man die Blümchen leicht aus der Form lösen. Insgesamt ca. 100 Blümchen modellieren. Um verschiedene Farbverläufe zu erzielen, die Fondantfarben leicht miteinander verkneten. Für die Rosen Fondant mit einem Rollholz auf einer mit Speisestärke bestreuten Arbeitsfläche dünn ausrollen. Davon 10 cm x 1 cm große Streifen schneiden. Einzelne Streifen der Länge nach in sich aufrollen, zuerst fester, dann lockerer, während man das untere Ende mit den Fingern andrückt. Das untere Ende mit dem Messer gerade abschneiden. Die fertigen Blümchen am Kuchen anbringen und leicht andrücken. Den Kuchen bis zum Servieren kaltstellen.

Strand-Kuchen

» ZUTATEN

Für ein eckiges Backblech
25 cm x 35 cm

Für den Teig:
Vanillekuchen, Rezept S. 10
evtl. Orangensaft zum Tränken

Für das Topping:
Swiss Meringue Buttercreme,
Rezept S. 14
100 g Butterkekse
einige Tropfen Lebensmittelfarbe in Türkis

Außerdem:
Sterntülle (10 mm)
Spritzbeutel
Palette
Zuckerfiguren Seestern, Krebs
und Fisch
Zuckerstreusel in Weiß und
Hellblau

» ZUBEREITUNG

1 Den Kuchen wie auf Seite 10 beschrieben zubereiten, backen und auskühlen lassen.

2 Die Swiss Meringue Buttercreme wie auf Seite 14 beschrieben zubereiten. Die Creme in einem hellen Türkiston einfärben. 5 EL entnehmen und in einem kräftigeren Türkis einfärben. Den Vorgang nochmals wiederholen, sodass insgesamt drei verschiedene Farbabstufungen entstehen.

3 Den Kuchen vom Backblech heben und auf die Servierplatte geben. Auf Wunsch mit Orangensaft tränken. Den Kuchen rundherum mit der hellsten Creme bestreichen. Die Butterkekse in einer Küchenmaschine fein zerkrümeln und anschließend dicht über den Kuchen streuen. Die Keks-Krümel an die Seiten des Kuchens von Hand andrücken.

4 Zuerst die hellste Creme in den Spritzbeutel mit der Stern-Tülle füllen. Den Kuchen vertikal vor sich legen und mittig von oben nach unten zwei Reihen „Wellen" anbringen – dabei mit der Creme ein imaginäres, halbes, umgedrehtes „S" nachfahren. Mit dem nächsten Ton der Creme wiederholen und mit dem dunkelsten abschließen. Den Kuchen mit Zuckerfiguren dekorieren und mit Zuckerstreusel bestreuen. Bis zum Servieren kaltstellen.

Fraiser Cake

» ZUTATEN

Für ein eckiges Backblech
25 cm x 35 cm

Für den Teig:
250 g weiche Butter
220 g Zucker
2 Päckchen Vanillezucker
6 Eier (Größe M)
300 g Mehl
2 TL Backpulver
1 Prise Salz
100 ml Apfelsaft zum Tränken

Außerdem:
Butter und Backpapier für das
Backblech
Backrahmen, rechteckig,
verstellbar

Für die Füllung:
Vanille-Puddingcreme,
Rezept S. 12
200 g Erdbeermarmelade
600 g frische Erdbeeren

Für die Deko:
Puderzucker
Rosenblätter
einige Erdbeeren

» ZUBEREITUNG

1 Zunächst den Pudding nach Anleitung auf Seite 12 zubereiten.

2 Das Backblech mit Butter auspinseln und mit Backpapier auslegen. Den Backofen auf 175 °C (Ober-/Unterhitze) vorheizen. Für den Teig die Butter mit Zucker und Vanillezucker ca. 5 Minuten lang schaumig rühren. Danach die Eier einzeln unterrühren. Inzwischen das Mehl mit Backpulver und Salz durchsieben und vorsichtig unter die Butter-Eier-Masse geben. In das Backblech füllen und 35 Minuten backen, bis der Teig goldgelb ausgebacken ist. Auskühlen lassen.

3 Den Kuchen vom Backblech auf die Servierplatte stürzen und einmal durchschneiden. Die Ränder mit einem langen Brotmesser sauber abschneiden und den Backrahmen um den Kuchen legen. Die Böden mit Apfelsaft tränken.

4 Die Puddingcreme fertigstellen. Die Stiele der Erdbeeren abschneiden und sie halbieren. Möglichst gleich große Erdbeeren um den Backrahmen legen. Die restlichen Erdbeeren in Scheiben schneiden. Die fertige Puddingcreme in einen Spritzbeutel mit runder Tülle (ø 15 mm) füllen und gleichmäßig auf den Kuchenboden verteilen. Dabei darauf achten, dass die Creme in die Ritzen zwischen den Erdbeeren gelangt. Die Creme verstreichen und die Erdbeermarmelade darauf verteilen. Mit den restlichen Erdbeeren belegen. Den Kuchen mit der anderen Hälfte bedecken und leicht andrücken. Den Backrahmen nach oben heben und den Kuchen mit Puderzucker bestäuben. Den Kuchen mit einigen Rosenblättern garnieren und mit frischen Erdbeeren belegen. Bis zum Servieren kaltstellen.

Fault Line Cake

» Zutaten

Für ein eckiges Backblech
25 cm x 35 cm

Für den Teig:
500 g Mehl
320 g Zucker
2 Päckchen Vanillezucker
1 Prise Salz
1 Päckchen Backpulver
200 g weiche Butter
150 g Crème fraîche
250 ml Buttermilch
4 Eier
60 g Öl
250 g Kirschgrütze

Für das Topping:
Swiss Meringue Buttercreme,
Rezept S. 14
200 g bunte Zuckerstreusel
½ TL Lebensmittelfarbe in
Gold, Pulver
etwas Alkohol oder Wasser

Außerdem:
Pinsel, lebensmittelecht

» Zubereitung

1 Das Backblech mit Butter auspinseln und mit Mehl bestäuben. Den Backofen auf 175 °C (Ober-/Unterhitze) vorheizen. Mehl, Zucker, Vanillezucker, Salz und Backpulver in einer Rührschüssel gut vermengen. Die Butter zugeben und 2 Minuten rühren. Die Eier mit Crème fraîche, Buttermilch und Öl kurz verrühren, unter die restliche Mischung langsam untermengen und glattrühren. Kirschgrütze hinzufügen und nur kurz unterrühren, sodass ein Marmoreffekt entsteht. Den Teig in das Backblech füllen. In den Backofen geben und 40–45 Minuten backen, bis der Teig goldgelb ausgebacken ist. Auskühlen lassen.

2 Nun die Swiss Meringue Buttercreme wie auf Seite 14 beschrieben zubereiten. 4 EL von der fertigen Creme entnehmen und in einer ca. 10 cm breiten Linie schräg über den Kuchen verteilen. Mit einem Palettenmesser die Creme dünn verstreichen. Die Zuckerstreusel großzügig auf die Creme anbringen und leicht andrücken. Nun die restliche Creme an beiden Seiten des Streusel-Streifens verteilen und mit dem Palletenmesser glattstreichen. Diese zwei Creme-Schichten sind dicker als der Streifen in der Mitte. Den Kuchen für 30 Minuten kaltstellen. Nun das Pulver der goldenen Lebensmittelfarbe mit 2–3 Tropfen Alkohol (z. B. Wodka) oder Wasser mit einem Pinsel glattrühren, bis eine cremige Konsistenz erreicht ist. Das Gold auf die Ränder der kalten, nun harten Creme mit dem Pinsel auftragen.

Regenbogen-kuchen

» ZUTATEN

Für ein eckiges Backblech
25 cm x 35 cm

Für den Teig:
500 g Mehl
320 g Zucker
2 Päckchen Vanillezucker
1 Prise Salz
16 g Backpulver
200 g weiche Butter
150 g Crème fraîche
250 ml Buttermilch
4 Eier (Größe M)
60 g Öl
je 2 Tropfen Lebensmittelfarbe
in Pink, Violet und Türkis

Für das Topping:
300 g Mascarpone, kalt
400 g Sahne, kalt
150 g Puderzucker
2 Päckchen Vanillezucker
2 Tropfen Lebensmittelfarbe
in Pink

Außerdem:
bunte Zuckerstreusel

» ZUBEREITUNG

1   Das Backbelch mit Butter auspinseln und mit Mehl bestäuben. Den Backofen auf 175 °C (Ober-/Unterhitze) vorheizen. Mehl, Zucker, Vanillezucker, Salz und Backpulver in einer Rührschüssel gut vermengen. Die Butter zugeben und 2 Minuten rühren. Die Eier mit Crème fraîche, Buttermilch und Öl kurz verrühren, unter die restliche Mischung langsam untermengen und glattrühren. Den Teig auf vier Schüsseln aufteilen. Mithilfe der Lebensmittelfarben eine Portion in Pink, eine in Türkis und die dritte in Lila einfärben. Jeden Teig gut umrühren, sodass die Farben gleichmäßig sind. Den restlichen Teig ungefärbt lassen. Nun die verschiedenen Farben mithilfe eines Esslöffels in das Backblech schichten. Wenn der ganze Teig verbraucht ist, diesen mit einem Buttermesser kurz durchziehen, sodass die Farben leicht marmoriert werden. In den Backofen geben und 40–45 Minuten backen. Auskühlen lassen.

2   Für das Topping den Mascarpone, Puderzucker und Vanillezucker in die Rührschüssel geben und sehr kurz verrühren. Die Sahne und Lebensmittelfarbe hinzufügen und zuerst langsam, dann immer schneller rühren, bis eine feste Konsistenz erreicht ist (ca. 2 Minuten). Die fertige Creme auf den Kuchen geben, mit einem Palettenmesser verstreichen und kaltstellen. Kurz vor dem Servieren mit den Zuckerstreuseln verzieren.

Baby-Hase
auf Vanillekuchen
MIT PFIRSICHEN

» Zutaten

Für ein eckiges Backblech
25 cm x 35 cm

Für den Teig:
Vanillekuchen, Rezept S. 10
150 g Pfirsiche (halbe Frucht)
100 ml Pfirsichsaft zum
Tränken

Für die Creme:
Puddingcreme (Vanille),
Rezept S. 12
Lebensmittelfarbe in Gelb
300 g Pfirsiche (halbe Frucht)

Für die Deko:
150 g Fondant in Weiß
etwas Fondant in Schwarz
Zuckerkleber
Schaschlikspieß, Zahnstocher
einige Meringue
Kreisausstecher, ø 1 cm und
ø 2,5 cm
Schokokugel in Hellblau

» Zubereitung

1 Zuerst den Baby-Hasen modellieren: Aus 30 g weißem Fondant eine Kugel für den Kopf formen. Für die Augen und die Nase drei kleine Ovale in Schwarz bilden, etwas flach drücken und mit Zuckerkleber ankleben. Für die Ohren aus 6 g Fondant eine Rolle modellieren, die Enden spitz ausbilden. Die Rolle in der Mitte knicken. An den Ohren mittig längliche Vertiefungen mit einem Messer ziehen. In das linke Ohr von unten einen Zahnstocher einstechen. Die Ohren am Kopf des Osterhasen einstecken und mithilfe des Zuckerklebers ankleben Für den Körper einen abgerundeten Kegel aus 45 g Fondant formen. Von unten einen Schaschlikspieß stecken, um später den Kopf am Körper zu befestigen. Aus je 3 g Fondant für die vorderen Pfoten zwei längliche Tropfen formen, abflachen und zwei Einschnitte machen. Für die Hinterfüße zwei Tropfen (je 8 g) bilden, abflachen und nach vorne knicken. Auf die Sohlen je drei kleine Bällchen und einen Tropfen aus weißem Fondant kleben und flachdrücken. Mithilfe des Zuckerklebers alle Körperteile am Körper ankleben. Hase zum Trocknen in ein Stück Styropor® stecken. Aus dem restlichen Fondant einige Punkte ausstechen.

2 Die Puddingcreme nach Anleitung auf Seite 12 zubereiten.

3 Nun den Vanillekuchen wie auf Seite 10 beschrieben zubereiten, vor dem Backen allerdings den Teig mit Pfirsichstücken belegen.

4 Die Puddingcreme fertigstellen, zwei Tropfen gelbe Lebensmittelfarbe hinzufügen. Den Kuchen mit Pfirsichsaft tränken und dünn mit Creme bestreichen. Nun mit in Scheiben geschnittenen Pfirsichen belegen, die restliche Creme darauf geben und glattstreichen. Den Hasen, die Punkte, die Meringue und die Schokokugeln anbringen. Bis zum Servieren kaltstellen.

Kokos-Limetten-Kuchen

MIT HIMBEEREN

» ZUTATEN

Für ein eckiges Backblech
25 cm x 35 cm

Für den Teig:
500 g Mehl
320 g Zucker
2 Päckchen Vanillezucker
1 Prise Salz
16 g Backpulver
200 g weiche Butter
150 g Crème fraîche
250 ml Buttermilch
4 Eier
Schalenabrieb einer Limette
60 g Öl

Für die Füllung:
500 g Himbeeren, TK oder frisch
250 g Gelierzucker 2:1
Saft von einer Limette

Für das Topping:
300 g Frischkäse, kalt
500 g Sahne, kalt
150 g Puderzucker
2 Päckchen Vanillezucker
2 EL San-Apart

Dekoration:
80 g Kokosraspeln
Frische Blüten, Himbeeren
und Kräuter

» ZUBEREITUNG

1 Das Backblech mit Butter auspinseln und mit Mehl bestäuben.
Den Backofen auf 175 °C (Ober-/Unterhitze) vorheizen. Mehl,
Zucker, Vanillezucker, Salz und Backpulver in einer Rührschüssel
gut vermengen. Die Butter zugeben und 2 Minuten rühren. Die
Eier mit Crème fraîche, Buttermilch, Öl und Limettenabrieb kurz
verrühren und unter die restliche Mischung langsam untermengen.
Den Teig bei mittlerer Geschwindigkeit glattrühren und in das
Backblech füllen. In den Backofen geben und 40–45 Minuten
backen, bis der Teig goldgelb ausgebacken ist.

2 Für die Füllung die Himbeeren in einem Topf aufkochen. Etwas
abkühlen lassen und ggf. durch ein Sieb streichen. In dem Topf
mit Gelierzucker mischen und weitere ca. 15 Minuten kochen – davon sollte die Füllung zum Schluss kurz sprudelnd kochen.
Limettensaft zugeben und leicht abkühlen lassen. Die Füllung auf
den lauwarmen Kuchen verteilen und 2–3 Stunden oder über
Nacht abkühlen lassen.

3 Für das Topping den Frischkäse, Puderzucker und Vanillezucker
in eine Rührschüssel geben und 1 Minute bei niedriger Geschwindigkeit rühren. Dann die Sahne und San-Apart hinzufügen und
zuerst langsam, dann immer schneller rühren, bis eine feste
Konsistenz erreicht ist (ca. 2 Minuten). ¾ des Toppings auf den
Kuchen verteilen und großzügig mit Kokosraspeln bestreuen. Das
restliche Topping in einen Spritzbeutel mit Sterntülle füllen und
eine Bordüre rundherum auftragen. Mit Blüten, Kräuter und
Himbeeren garnieren.

Dackel-Feier
mit Himbeer-Kuchen

» ZUTATEN

Für ein eckiges Backblech
25 cm x 35 cm

Für den Teig:
250 g weiche Butter
220 g Zucker
2 Päckchen Vanillezucker
6 Eier (Größe M)
300 g Mehl
2 TL Backpulver
1 Prise Salz
150 g Himbeermarmelade
150 ml Apfelsaft zum Tränken

Für das Topping:
Swiss Meringue Buttercreme,
Rezept S. 14
einige Tropfen Lebensmittelfarbe in Hellblau

Dekoration:
150 g Fondant in Braun
50 g Fondant in Dunkelbraun
etwas Fondant in Rosa
1 EL Speisestärke
Zuckersterne und Schoko-
kugeln

» ZUBEREITUNG

1 Das Backblech mit Butter auspinseln und mit Backpapier auslegen. Den Backofen auf 175 °C (Ober-/Unterhitze) vorheizen. Für den Teig die Butter mit Zucker und Vanillezucker ca. 5 Minuten lang schaumig rühren. Danach die Eier einzeln unterrühren. Inzwischen das Mehl mit Backpulver und Salz durchsieben und vorsichtig unter die Butter-Masse geben. Himbeermarmelade dazugeben und nur ein wenig vermengen, sodass die Marmeladen-Streifen noch sichtbar sind. In das Backblech füllen und 35 Minuten backen, bis der Teig goldgelb ausgebacken ist. Auskühlen lassen. Den Kuchen mit Apfelsaft tränken.

2 In der Zwischenzeit die Swiss Meringue Buttercreme wie auf Seite 14 beschrieben zubereiten. Mit Lebensmittelfarbe hellblau einfärben. Die Creme auf dem Kuchen verteilen und glattstreichen. Kaltstellen.

3 Den braunen Fondant auf einer sauberen Arbeitsfläche kurz durchkneten. Die Arbeitsfläche mit Speisestärke bestreuen und darauf den Fondant mit einem Rollholz ca. 3 mm dick ausrollen. Mithilfe der Schablone auf S. 22 den Dackelkörper ausschneiden. Aus dem dunkelbraunen Fondant das Ohr und aus dem rosafarbenen den Hut auf die gleiche Weise ausschneiden. Das Auge, den Schwanz, die Nase und die Wange von Hand modellieren. Mit Wasser auf dem Dackel-Körper befestigen. Den fertigen Dackel mittig auf den Kuchen anbringen. Die Creme mit Zuckersternen und Schokoladenkugeln garnieren. Kuchen bis zum Servieren kaltstellen.

Rosen-Kuchen

» Zutaten

Für ein eckiges Backblech
25 cm x 35 cm

Für den Teig:
Carrot Cake, Rezept S. 11

Für das Topping:
Swiss Meringue Buttercreme,
Rezept S. 14
einige Tropfen Lebensmittel-
farbe in Rosé, Apricot und
Grün

Außerdem:
Blütenblatttülle (Wilton
Nr. 104), kleine Blatttülle
Blumennagel
2 Spritzbeutel
Palette
ein Tablett mit glatter
Oberfläche

» Zubereitung

1 Den Carrot Cake wie auf Seite 11 beschrieben zubereiten, backen
und auskühlen lassen.

2 Die Swiss Meringue Buttercreme wie auf Seite 14 beschrieben
zubereiten. Von der Creme zunächst 8 EL entnehmen und Apricot
einfärben. Weitere 9 EL Rosé und 3 EL Grün einfärben. Die
verbliebene Creme auf dem Kuchen verteilen und mit der Palette
in links-rechts Handbewegungen verstreichen. Kaltstellen.

3 Für die Creme-Rosen zuerst die roséfarbene Creme in den
Spritzbeutel mit der Blütenblatt-Tülle füllen. Den Blumennagel
in eine Hand nehmen und mit der anderen Hand einen kleinen
Kleks Creme von oben in die Mitte spritzen. Die Tülle nun
aufrichten, sodass das schmale Ende nach oben zeigt und etwas
zur Mitte geneigt ist. Nun um den Kleks herum drei kleine
Rosenblätter – regenbogenförmige Streifen – spritzen. Für die
zweite Reihe der Rose fünf und für die dritte Reihe sieben
Blütenblätter spritzen. Wenn Sie mit der Größe der Rose zufrieden
sind, mit der Palette die untere Seite der Rose etwas glattstreichen/
säubern, vorsichtig vom Nagel nehmen und auf ein glattes
Tablett platzieren. Den Vorgang für alle Rosen, auch die apricot-
farbenen, wiederholen, dabei größere und kleinere Rosen
spritzen. Das Tablett mit den fertigen Rosen für eine halbe
Stunde kaltstellen. Die grüne Creme kurz glattrühren und in den
zweiten Spritzbeutel mit der Blatttülle füllen. Den Kuchen und
die Rosen aus dem Kühlschrank herausnehmen. Mit Hilfe der
Palette die Rosen auf dem Kuchen verteilen. Das gelingt einfacher,
da die Rosen nun fest sind. Zwischen den Rosen mit der grünen
Creme kleine Blättchen spritzen. Den Kuchen bis zum Servieren
erneut kaltstellen.

Weihnachten
in Pastell

» ZUTATEN

Für ein eckiges Backblech
25 cm x 35 cm

Für den Teig:
200 g weiche Butter
180 g Zucker
1 Päckchen Vanillezucker
1 Prise Salz
4 Eier
300 g Mehl
2 EL Backkakao
½ TL Lebkuchen-Gewürz
12 g Backpulver
200 ml Glühwein

Für das Topping:
7 Eiweiß
430 g Puderzucker
1 TL Weinstein-Backpulver
3 Tropfen Vanille-Aroma
Lebensmittelfarbe in Rosa

Außerdem:
50 g Fondant in Weiß
Tannenbaum-Ausstecher
Zuckerstreusel in Weiß und
Hellblau

» ZUBEREITUNG

1 Den Backofen auf 175 °C (Ober-/Unterhitze) vorheizen. Das Backblech mit Fett einpinseln und mit Mehl bestäuben. Zunächst die Butter mit Vanillezucker und Zucker schaumig schlagen, dann die Eier unterrühren. In einer separaten Schüssel Mehl mit Backpulver, Kakaopulver, Lebkuchen-Gewürz und Salz vermischen. Abwechselnd Glühwein und die Mehlmischung unter den Teig rühren. Teig in das Backblech füllen. Glattstreichen und ca. 35 Minuten backen. Vollständig abkühlen lassen.

2 Den Fondant auf einer mit Speisestärke bestreuten Arbeitsfläche ausrollen und einige Tannenbäume ausstechen.

3 Für das Marshmallow-Topping die Eiweiße mit Salz und Puderzucker in eine Metallschüssel geben. Diese über ein Wasserbad stellen und die Masse unter gelegentlichem Rühren 5 Minuten erhitzen. Weinstein-Backpulver zufügen und weitere 5 Minuten rühren. Nun die Masse in eine Rührschüssel umfüllen und sehr steif schlagen. Zum Schluss das Vanille-Aroma und die rosa Lebensmittelfarbe untermischen.

4 Die fertige Masse mit einer Palette auf dem Kuchen verteilen. Die Tannenbäume auf das Topping legen und mit Zuckerstreusel bestreuen. Der Kuchen schmeckt am besten, wenn er noch am selben Tag gegessen wird.

Birthday Cake mit Stracciatella Geschmack

» ZUTATEN

Für ein eckiges Backblech
25 cm x 35 cm

Für den Teig:
240 g weiche Butter
250 g Zucker
2 Päckchen Vanillezucker
6 Eier (Größe M)
320 g Mehl
150 g Zartbitter-Schokolade,
fein gehackt
4 EL Crème fraîche
10 g Backpulver
1 Prise Salz

Für das Topping:
Swiss Meringue Buttercreme,
Rezept S. 14
2 Tropfen Lebensmittelfarbe
in Lila

Außerdem:
Französische Tülle (7 mm)
Spritzbeutel
Zuckerstreusel in verschiede-
nen Formen

» ZUBEREITUNG

1 Den Backofen auf 175 °C (Ober-/Unterhitze) vorheizen. Das Backblech mit Fett einpinseln und mit Mehl bestäuben. Die Butter und Zucker mit Vanillezucker in einer Rührschüssel sehr cremig rühren. Die Eier einzeln unterschlagen. Das Mehl mit dem Backpulver und Salz sieben, mischen und vorsichtig unter die Butter-Masse rühren. Zuletzt die Schokoladenstückchen und die Crème fraîche dazugeben und gut verrühren. Den fertigen Teig in das vorbereitete Backblech füllen und ca. 30 Minuten backen.

2 In der Zwischenzeit die Swiss Meringue Buttercreme wie auf Seite 14 beschrieben zubereiten. Von der Creme 7 EL entnehmen und beiseitestellen. Die restliche Creme mit Lebensmittelfarbe in einem Fliederton einfärben. Die Farbe der Creme kann nach Belieben variiert werden. Die farbige Buttercreme mit einem Palletenmesser auf dem Kuchen glattstreichen. Mit zügigen links-rechts Bewegungen der Hand die Creme mit dem Rillen-muster versehen.

3 Die restliche weiße Creme in einen Spritzbeutel mit der französischen Tülle füllen. Eine Bordüre um den Kuchen herum spritzen – dafür mit der Tülle ineinanderliegende S-Formen „schreiben". Die Bordüre mit verschiedenen Zuckerstreuseln verzieren. Kuchen bis zum Servieren kaltstellen.

Naked Cake
mit Beeren

» ZUTATEN

Für ein eckiges Backblech
25 cm x 35 cm

Für den Teig:
250 g weiche Butter
220 g Zucker
2 Päckchen Vanillezucker
6 Eier (Größe M)
300 g Mehl
2 TL Backpulver
1 Prise Salz
100 ml Apfelsaft zum Tränken

Außerdem:
Butter und Backpapier für das
Backblech

Für die Füllung:
Puddingcreme (Vanille),
Rezept S. 12
300 g Himbeeren,
TK oder frisch
250 g Gelierzucker 2:1
700 g gemischte frische Beeren

Für die Deko:
300 g frische Beeren
einige Minz- und Thymian-
blätter
80 g weiße Schokolade
Puderzucker

» ZUBEREITUNG

1 Zunächst den Pudding nach Anleitung auf Seite 12 zubereiten.

2 Das Backblech mit Butter auspinseln und mit Backpapier
auslegen. Den Backofen auf 175 °C (Ober-/Unterhitze) vorheizen.
Die Butter mit Zucker und Vanillezucker ca. 5 Minuten lang
schaumig rühren. Danach die Eier einzeln unterrühren. Inzwischen
das Mehl mit Backpulver und Salz durchsieben und vorsichtig
unter die Butter-Eier-Masse geben. Nur so lange rühren, bis
keine Klumpen mehr zu sehen sind. In das Backblech füllen und
35 Minuten backen, bis der Teig goldgelb ausgebacken ist.

3 Für die Himbeersauce die Himbeeren mit dem Gelierzucker
vermengen und aufkochen. 5 Minuten unter Rühren köcheln.
Auskühlen lassen.

4 Die Puddingcreme fertigstellen. Den Kuchen aus dem Backblech
auf die Servierplatte stürzen und einmal durchschneiden. Die
Böden mit Apfelsaft tränken. Die fertige Puddingcreme in einen
Spritzbeutel mit runder Tülle (ø 15 mm) füllen und gleichmäßig
auf dem unteren Kuchenboden verteilen und verstreichen (etwas
Creme für die Dekoration zurücklassen). Auf die Creme die
Himbeersauce verteilen und großzügig mit frischen Beeren
belegen. Den Kuchen mit der anderen Hälfte bedecken und leicht
andrücken. Mit Puderzucker bestäuben. Mithilfe der beiseitegelas-
senen Creme die Beeren auf dem Kuchen befestigen. Weiße
Schokolade schmelzen und mit einem Löffel dekorativ über den
Kuchen träufeln. Mit Minz- oder Thymianblättern verzieren. Bis
zum Servieren kaltstellen.

Vanillekuchen
mit Aprikosen
UND BUTTERCREME-ROSEN

» Zutaten

Für ein eckiges Backblech
25 cm x 35 cm

Für den Teig:
240 g weiche Butter
220 g Zucker
2 Päckchen Vanillezucker
6 Eier (Größe M)
300 g Mehl
2 TL Backpulver
1 Prise Salz
300 g eingekochte Aprikosen

Außerdem:
Butter und Mehl für das
Backblech

Für die Creme:
Swiss Meringue Buttercreme,
Rezept S. 14
Lebensmittelfarbe in Rosa

Für die Deko:
Zuckerperlen in Weiß
Einige essbare Cosmos-Blüten
Spritzbeutel
Sternfülle (14 mm)

» Zubereitung

1 Das Backblech mit Butter auspinseln und mit Mehl bestäuben. Den Backofen auf 175 °C (Ober-/Unterhitze) vorheizen. Die Butter mit Zucker und Vanillezucker ca. 5 Minuten lang schaumig rühren. Danach die Eier einzeln unterrühren. Inzwischen das Mehl mit Backpulver und Salz durchsieben und vorsichtig unter die Butter-Eier-Masse rühren. Nur so lange rühren, bis keine Klumpen mehr zu sehen sind. In das Backblech füllen, mit den Aprikosen belegen und 35 Minuten backen, bis der Teig goldgelb ausgebacken ist.

2 Als Nächstes die Swiss Meringue Buttercreme wie auf Seite 14 beschrieben zubereiten und sie mit Lebensmittelfarbe in einem hellen Roseton einfärben. ⅓ der Creme auf den abgekühlten Kuchen verteilen und mit einem Messer oder Palettenmesser verstreichen. Einen Spritzbeutel mit Sterntülle (ø 14 mm) versehen und die restliche Creme einfüllen. Für die Rosetten die Creme in einer runden Bewegung in der Mitte beginnend auf den Kuchen spritzen. Anschließend einige Creme-Tupfen um die Rosetten herum sowie zur Mitte des Kuchens hin verteilen. Zum Schluss die Bordüre spritzen und den Kuchen mit Zuckerperlen und Blüten verzieren.

Röschen-Mandel-Kuchen

» Zutaten

Für ein eckiges Backblech
25 cm x 35 cm

Für den Teig:
240 g weiche Butter
250 g Zucker
2 Päckchen Vanillezucker
6 Eier (Größe M)
350 g Mehl
100 g gemahlene, blanchierte
Mandeln
50 g gehackte Mandeln
3 Tropfen Bittermandel-Aroma
4 EL Crème fraîche
10 g Backpulver
1 Prise Salz

Für das Topping:
Swiss Meringue Buttercreme,
Rezept S. 14
je 2 Tropfen Lebensmittelfarbe
in Rosa, Lila und Grün

Außerdem:
Französische Tülle (5 mm),
kleine Blatttülle, runde Tülle
(1,5 mm)
2 Spritzbeutel

» Zubereitung

1 Den Backofen auf 175 °C (Ober-/Unterhitze) vorheizen. Das Backblech mit Fett einpinseln und mit Mehl bestäuben. Die Butter und Zucker mit Vanillezucker in einer Rührschüssel sehr cremig rühren. Die Eier einzeln unterschlagen. Das Mehl mit dem Backpulver und Salz sieben, mischen und vorsichtig unter die Butter-Eier-Zucker-Masse rühren. Zuletzt die beiden Mandel-Sorten, Crème fraîche und Aroma dazugeben und gut verrühren. Den Teig in das vorbereitete Backblech füllen und ca. 30 Minuten backen. Auskühlen lassen.

2 In der Zwischenzeit die Swiss Meringue Buttercreme wie auf Seite 14 beschrieben zubereiten. Von der Creme je 3 EL entnehmen und in drei verschiedene Schüssel geben. Die weiße Buttercreme auf den Kuchen mit einer Palette glattstreichen und den Kuchen zwischendurch kaltstellen.

3 Die Cremes in den Schüsseln mit Lebensmittelfarbe Rosa, Flieder und Grün einfärben. Zuerst ein Löffel der grünen Creme in einen Spritzbeutel mit der kleinen runden Tülle (1,5 mm) füllen. Den Kuchen aus dem Kühlschrank herausnehmen und Stiele für die Röschen auf die weiße Creme spritzen. Dabei versuchen, dass die Stiele auf dem kompletten Kuchen gleichmäßig verteilt sind. Den anderen Spritzbeutel mit der kleinen französischen Tülle versehen und die rosa Creme einfüllen. In einer Kreisbewegung kleine Rosen an die Enden der grünen Stiele auf den Kuchen verteilt spritzen. Wenn die rosa Creme aufgebraucht ist, die fliederfarbene Creme in den gleichen Beutel füllen und die restlichen Rosen spritzen. Zuletzt den ersten Beutel mit der Blatttülle versehen, mit der restlichen grünen Creme füllen und um die Rosen herum kleine Blätter spritzen. Bis zum Servieren kaltstellen.

Wald-Kuchen
mit wilden Preiselbeeren
UND SCHOKOLADE

» ZUTATEN

Für ein eckiges Backblech
25 cm x 35 cm

Für den Teig:
Schokoladen-Buttermilch-
Kuchen, Rezept S. 11

Für das Topping:
500 ml Milch
100 g Zucker
2 Päckchen Vanille Puddingpulver
250 g weiche Butter
100 g Zartbitterschokolade
200 g Preiselbeermarmelade

Dekoration:
200 g Fondant in Orange
70 g Fondant in Beige
etwas Fondant in Braun
Pulverfarbe Rosa und Weiß
1 EL Speisestärke
1 EL Piping Gel
Pinsel, lebensmittelecht
Rosmarinzweige
einige Preiselbeeren und
Blaubeeren

» ZUBEREITUNG

1 Für das Topping 450 ml Mich in einen Topf füllen und zum Kochen bringen. Die restlichen 50 ml Milch mit Zucker, Vanillezucker und Puddingpulver glattrühren. Sobald die Milch anfängt zu kochen, die Pudding-Mischung unterrühren und unter ständigem Rühren ca. 2 Minuten bei mittlerer Hitze kochen. Die Oberfläche des Puddings mit Frischhaltefolie abdecken und 2 Stunden abkühlen lassen.

2 Den Kuchen wie auf S. 11 beschrieben zubereiten und backen. Auskühlen lassen.

3 Die weiche Butter in eine Rührschüssel geben und schaumig rühren. Den Pudding gründlich verrühren und esslöffelweise unter die Butter geben. Schokolade schmelzen und dazugeben. Alles gut vermengen. Den Kuchen mit Preiselbeermarmelade bestreichen. Darauf die Creme verteilen und grob verstreichen. Den Kuchen für 1 Stunde kaltstellen.

4 Den orangenen Fondant auf einer sauberen Arbeitsfläche kurz durchkneten. Die Arbeitsfläche mit Speisestärke bestreuen und den Fondant darauf ca. 3 mm dick ausrollen. Mithilfe der Schablone auf S. 23 den Fuchskörper ausschneiden. Aus dem beigefarbenen Fondant auf die gleiche Weise Gesicht, Bauch und Schwanzspitze ausschneiden. Mit Piping Gel auf dem Körper befestigen. Aus braunem Fondant die Ohrenmitten, die Augen und die Nase formen und anbringen. Die Wangen mit rosa Pulverfarbe ein-pinseln. Weiße Farbe mit etwas Wasser vermischen und das Fell malen. Den fertigen Fuchs auf den Kuchen anbringen. Mit Rosmarinzweigen, Blaubeeren und Preiselbeeren dekorieren. Für den „Frosted Look" nach Wunsch auf einige Preiselbeeren und Blaubeeren etwas Piping Gel anbringen und mit Zucker bestreuen.

Afternoon-Tea-Cakes

» ZUTATEN

Für ein eckiges Backblech
25 cm x 35 cm

Für den Teig:
Vanillekuchen, Rezept S. 10

Für das Topping:
Swiss Meringue Buttercreme,
Rezept S. 14
je 2 Tropfen Lebensmittelfarbe
in Hellblau, Grün und Rosé

Außerdem:
200 g Aprikosenmarmelade
Rosentülle (Wilton Nr. 104)
Spritzbeutel
Palette
Blumennagel

» ZUBEREITUNG

1 Den Kuchen wie auf Seite 10 beschrieben zubereiten, backen und auskühlen lassen.

2 Die Swiss Meringue Buttercreme wie auf Seite 14 beschrieben zubereiten. Von der Creme 6 EL entnehmen und hellblau einfärben. Weitere 3 EL grün einfärben. Die restliche Creme in Rosé einfärben.

3 Den Kuchen vom Backblech stürzen und horizontal durchschneiden. Die untere Hälfte zuerst mit Aprikosenmarmelade und dann mit einer dünner Schicht Creme in Rosé bestreichen. Die zweite Hälfte des Kuchens darauflegen. Auf die obere Hälfte die hellblaue Creme verteilen und glattstreichen. Kleine Klekse von der grünen und roséfarbenen Creme verteilen und mit einer Palette grob verstreichen. Ein Raster mit 5 cm x 5 cm großen Rechtecken auf der Creme markieren.

4 In den Spritzbeutel mit Blütenblatt-Tülle die roséfarbene Creme füllen. Den Blumennagel in eine Hand nehmen und mit der anderen Hand einen kleinen Kleks Creme in die Mitte von oben herab spritzen. Die Tülle nun aufrichten, sodass das schmale Ende nach oben zeigt und etwas zur Mitte geneigt ist. Nun um den Kleks herum drei kleine Rosenblätter – in regenbogenförmigen Streifen – spitzen. Für die zweite Reihe der Rose fünf und für die dritte Reihe sieben Blütenblätter spritzen. Wenn Sie mit der Größe der Rose zufrieden sind, mit der Palette die untere Seite etwas glattstreichen/säubern, vorsichtig vom Nagel nehmen und auf Kuchen platzieren. Den Vorgang für alle Rosen wiederholen, dabei größere und kleinere Rosen spritzen. Den Kuchen für 2 Stunden kaltstellen. Vor dem Servieren in 5 cm x 5 cm große Stücke schneiden.

Blaubeer-Zitronen-Cake

» Zutaten

Für ein eckiges Backblech
25 cm x 35 cm

Für den Teig:
500 g Mehl
320 g Zucker
2 Päckchen Vanillezucker
1 Prise Salz
16 g Backpulver
200 g Butter
150 g Crème fraîche
250 ml Buttermilch
4 Eier (Größe M)
60 g Öl
Schalenabrieb einer Zitrone

Für die Heidelbeere-Sauce:
300 g Heidelbeeren
300 ml Apfelsaft
45 g Speisestärke

Für das Topping:
500 ml Milch
100 g Zucker
60 g Speisestärke
250 g weiche Butter

Dekoration:
Zebra-Röllchen
essbare Blüten
Heidelbeeren und Himbeeren

» Zubereitung

1 Für die Heidelbeer-Sauce die Beeren mit 250 ml Saft zum Kochen bringen und 3 Minuten köcheln. 50 ml Saft mit der Speisestärke glattrühren und zu den Heidelbeeren geben. Weitere 2 Minuten kochen und auskühlen lassen. Sauce in zwei Hälften teilen.

2 Für das Topping 450 ml Mich in einem Topf zum Kochen bringen. Die restlichen 50 ml Milch mit Zucker und Speisestärke glattrühren. Sobald die Milch anfängt zu kochen, die Stärke-Mischung unterrühren und unter Rühren ca. 2 Minuten bei mittlerer Hitze kochen. Die Oberfläche mit Frischhaltefolie abdecken und 2 Stunden abkühlen lassen.

3 Das Backblech mit Butter auspinseln und mit Mehl bestäuben. Den Backofen auf 175 °C (Ober-/Unterhitze) vorheizen. Mehl, Zucker, Vanillezucker, Salz und Backpulver in einer Rührschüssel gut vermengen. Die Butter zugeben und 2 Minuten rühren. Die Eier mit Crème fraîche, Buttermilch, Zitronenabrieb und Öl kurz verrühren, langsam unter die restliche Mischung geben und glattrühren. Die Hälfte der Heidelbeer-Sauce hinzufügen und nur leicht unterrühren, sodass ein Marmoreffekt entsteht. Den Teig in das Backblech füllen und im Backofen 40–45 Minuten goldgelb backen. Auskühlen lassen.

4 Die weiche Butter schaumig rühren. Den Pudding verrühren und esslöffelweise unter die Butter geben. Von der Hälfte der Heidelbeersauce nochmals 3 EL für die Deko beiseitestellen. Die restliche Heidelbeersauce in die Creme geben und glattrühren. Die Creme auf dem Kuchen verteilen. Die Heidelbeersauce durch ein Sieb streichen und über den Kuchen träufeln. Mit Zebra-Röllchen, Heidelbeeren, Himbeeren und einigen frischen Blüten verzieren.

Letter-Cake

» Zutaten

Für ein eckiges Backblech
25 cm x 35 cm

Für den Teig:
240 g weiche Butter
250 g Zucker
2 Päckchen Vanillezucker
6 Eier (Größe M)
320 g Mehl
2 EL Crème fraîche
10 g Backpulver
1 Prise Salz

Für die Creme:
500 ml Milch
2 Päckchen Puddingpulver
Vanille
150 g Zucker
350 g Schlagsahne
5 EL San-Apart

Außerdem:
Runde Tülle (10 mm)
Spritzbeutel
Zuckerstreusel in verschiede-
nen Formen
einige Blaubeeren, Himbeeren,
Erdbeeren
essbare Blüten
Schokolinsen
Backpapier

» Zubereitung

1 Den Backofen auf 175 °C (Ober-/Unterhitze) vorheizen. Das Backblech mit Fett einpinseln und mit Backpapier auslegen. Die weiche Butter und Zucker mit Vanillezucker in einer Rührschüssel sehr cremig rühren. Die Eier einzeln unterschlagen. Das Mehl mit dem Backpulver und Salz sieben, mischen und vorsichtig unter die Butter-Masse rühren. Zuletzt die Crème fraîche dazugeben und verrühren. Den fertigen Teig in das vorbereitete Backblech füllen und ca. 30 Minuten backen. Auskühlen lassen.

2 Für die Creme 400 ml Mich in einem Topf zum Kochen bringen. Die restlichen 100 ml Milch mit Zucker und Puddingpulver glattrühren. Sobald die Milch zu kochen anfängt, die Pudding-Mischung unterrühren und unter Rühren ca. 2 Minuten kochen. Frischhaltefolie auf die Oberfläche geben und auskühlen lassen.

3 Für die Zahl 1 eine Schablone aus dünnem Karton basteln. Den Kuchen auf die Arbeitsfläche stürzen und das Backpapier abziehen. Die Schablone auf den Kuchen legen und vorsichtig die Zahl ausschneiden. Danach die Zahl horizontal durchschneiden.

4 Für die Creme die Sahne mit San-Apart steif schlagen. Den Pudding gründlich verrühren, die geschlagene Sahne auf zweimal unter-mengen und vorsichtig glattrühren. Die Creme in einen Spritz-beutel mit runder Tülle füllen.

5 Die untere Hälfte der Zahl auf das Serviertablett legen. Mit dem Spritzbeutel zunächst um den Rand der Zahl herum eine Reihe kleiner Tuffs spritzen. Dann die innere Fläche der Zahl mit den Tuffs ausfüllen. Die obere Hälfte der Zahl vorsichtig darauflegen und genauso fortfahren, bis die ganze Zahl mit den Tuffs bedeckt ist. Nun nach Wunsch mit Zuckerstreuseln, Früchten, Süßigkeiten und essbaren Blüten garnieren.

Fiesta-Kuchen

» ZUTATEN

Für ein eckiges Backblech
20 cm x 30 cm

Für den Teig:
Vanillekuchen, Rezept S. 10
50 g bunte Zuckerstreusel

Für das Topping:
Swiss Meringue Buttercreme,
Rezept S. 14
einige Tropfen Lebensmittelfarbe in Grasgrün

Dekoration:
je 30 g Fondant in Gelb,
Hellblau, Lila, Pink und Weiß
1 EL Speisestärke
50 g Zuckerperlen Weiß
Französische Tülle (5 mm)
Spritzbeutel
Keksausstecher Lama
Lebensmittelstift Schwarz
Zuckerblümchen
(Fertigprodukt)
bunte Zuckerstreusel

» ZUBEREITUNG

1 Den Kuchen wie auf Seite 10 beschrieben zubereiten, dabei zum Schluss die Zuckerstreusel unter den Teig zugeben und unterrühren. Den Kuchen backen und auskühlen lassen.

2 Die Swiss Meringue Buttercreme wie auf Seite 14 beschrieben zubereiten. Mit Lebensmittelfarbe hellgrün einfärben. Von der Creme 10 EL entnehmen und in einen kräftigeren Grünton einfärben. Beiseitestellen. Die hellgrüne Creme auf dem Kuchen verteilen und glattstreichen. Kaltstellen.

3 Den Fondant auf einer sauberen Arbeitsfläche kurz durchkneten. Für die Tasseln den Fondant dünn ausrollen und in Rechtecke (1 cm x 6 cm) schneiden. Einzelne Streifen auf der langen Seite zu ⅔ mit dem Messer einige Male einschneiden, der Länge nach in sich aufrollen, zuerst fester, dann lockerer, während man das obere Ende mit den Fingern andrückt. Auf diese Weise acht Tasseln herstellen. Aus dem lila Fondant eine dünne Rolle für die Girlande ausrollen und auf dem Kuchen anbringen. Die Tasseln anbringen und leicht andrücken. Für das Lama den weißen Fondant ausrollen und mit dem Keksausstecher nur den Kopf ausschneiden. Den Ausstecher mittig auf den Kuchen legen. Mit einer Schicht weißer Zuckerperlen bestreuen und mit den Fingern leicht andrücken, sodass sie sich mit der Creme verbinden. Den Fondant-Kopf von unten leicht mit Wasser befeuchten und auf die Perlen legen. Leicht andrücken. Ausstecher entfernen. Aus Fondantresten die Zügel und Sattel modellieren und am Lama anbringen. Mit einem schwarzen Lebensmittelstift das Auge und die Schnauze malen. Die beiseitegelegte Creme umrühren und in einem Spritzbeutel mit französischer Tülle füllen. Um den Rand herum die Creme anbringen – dabei ein halbes „S" nachfahren. Um das Lama einige Kakteen spritzen. Mit Zuckerstreusel und Zuckerblümchen verzieren. Kuchen bis zum Servieren kaltstellen.

Ombre-Kuchen
mit Goldakzenten
UND FEINER ORANGENNOTE

» ZUTATEN

Für ein eckiges Backblech
20 cm x 30 cm

Für den Teig:
170 g Butter
160 g Zucker
1 Päckchen Vanillezucker
4 Eier (Größe M)
Schalenabrieb einer Orange
200 g Mehl
1 ½ TL Backpulver
1 Prise Salz
100 ml Orangensaft zum
Tränken

Für das Topping:
Puddingcreme, Rezept S. 12
200 g Orangenmarmelade

Dekoration:
400 g Fondant in Weiß
je 50 g Fondant in Pink, Gelb
und Orange
1 EL Speisestärke
½ TL Palmin
Blattgold
2 EL Piping Gel
Pinsel, lebensmittelecht
Zuckerperlen in Weiß
Silikon-Flexform

» ZUBEREITUNG

1 Für das Topping die Puddingcreme wie auf Seite 12 beschrieben zubereiten.

2 Das Backblech mit Butter auspinseln und mit Mehl bestäuben. Den Backofen auf 175 °C (Ober-/Unterhitze) vorheizen. Für den Teig die Butter mit Zucker und Vanillezucker ca. 5 Minuten lang schaumig rühren. Die einzelnen Eier und den Orangenschalenabrieb unterrühren. Das Mehl mit Backpulver und Salz durchsieben und unter die Butter-Masse geben. Gut vermengen. In das Backblech füllen und 35 Minuten goldgelb backen. Auskühlen lassen. Den Kuchen mit Orangensaft tränken.

3 Den Kuchen mit Orangenmarmelade bestreichen. Darauf die Creme verteilen und glattstreichen. Den Kuchen für 1 Stunde kaltstellen.

4 Den weißen Fondant auf einer sauberen Arbeitsfläche kurz durchkneten. Eine kleine Menge Fondant in Pink dazugeben und leicht einkneten. Die Arbeitsfläche mit Speisestärke bestreuen und den Fondant darauf auf ca. 25 cm x 35 cm ausrollen. Auf den Kuchen legen und die Seiten mit einem scharfen Messer abschneiden. Nun aus dem farbigen Fondant kleine Blümchen mithilfe einer Silikon-Flexform (Abbildung S. 16) modellieren. Die Form mit etwas Palmin fetten, so kann man die Blümchen leicht aus der Form lösen. Ca. 15 große, 15 mittlere und 20 kleine Blümchen modellieren. Um einen Farbverlauf zu bekommen, Pink und Weiß, Weiß und Gelb sowie Gelb und Orange verkneten. Einen schmalen Streifen auf dem Kuchen mit Piping Gel bestreichen und Blattgold anbringen. Um den Kuchen herum einen breiteren Streifen mit Piping Gel bestreichen und Zuckerperlen darauf streuen. Mithilfe des Piping Gels die fertigen Blümchen anbringen.

Rosetten-Kuchen
mit Schokolade
UND BANANEN

» ZUTATEN

Für ein eckiges Backblech
25 cm x 35 cm

Für den Teig:
240 g weiche Butter
250 g Zucker
2 Päckchen Vanillezucker
6 Eier (Größe M)
50 g Backkakao
200 ml Buttermilch
150 g Schokolade, grob gehackt
12 g Backpulver
1 Prise Salz

Für das Topping:
Swiss Meringue Buttercreme,
Rezept S. 14
3 Bananen
3 EL Zitronensaft
je 2 Tropfen Lebensmittelfarbe
in Pink, Lila, Gelb und Türkis

Außerdem:
Französische Tülle (10 mm),
Rosentülle (6 mm), Sterntülle
(7 mm) Blütenblatt-Tülle
(Nr. 104)
4 Spritzbeutel
gemischte Zuckerstreusel und
Schokokugeln

» ZUBEREITUNG

1 Den Backofen auf 175 °C (Ober-/Unterhitze) vorheizen. Das Backblech mit Fett einpinseln und mit Mehl bestäuben. Butter und Zucker mit Vanillezucker in einer Rührschüssel sehr cremig rühren. Die Eier einzeln unterschlagen. Das Mehl mit dem Backpulver und Salz sieben, mischen und vorsichtig unter die Butter-Masse heben. Kakao mit Buttermilch vermengen, zum Teig geben und gut verrühren. Schokostückchen dazugeben und ebenfalls verrühren. Den Teig in das vorbereitete Backblech füllen und ca. 35 Minuten backen. Auskühlen lassen.

2 In der Zwischenzeit die Swiss Meringue Buttercreme wie auf Seite 14 beschrieben zubereiten.

3 Eine dünne Schicht Creme auf den Kuchen verteilen und verstreichen. Bananen schälen, in Scheiben schneiden, mit Zitronensaft vermengen und auf dem Kuchen verteilen. Nochmals mit einer dünner Schicht Creme bestreichen.

4 Die restliche Creme in vier verschiedene Schüsseln geben und mit Lebensmittelfarbe Pink, Lila, Gelb und Türkis einfärben. Die Spritzbeutel mit Tüllen versehen. In den Beutel mit der Blüten-blatt-Tülle die türkisfarbene Creme füllen und einige Zickzack-Streifen auf den Kuchen spritzen. In den Beutel mit der Rosentülle die pinke Creme füllen und einige Rosen (Kreisbewegung) spritzen. In den Beutel mit der französischen Tülle die lila Creme füllen und einige Rosetten spritzen. In den Beutel mit der Sterntülle die gelbe Creme füllen und einige kleinere Rosen spritzen. Nun die Lücken zwischen den größeren Rosetten mit Tuffs in verschiedenen Farben spritzen. Den Kuchen mit Zuckerstreusel und Schokokugeln dekorieren. Bis zum Servieren kaltstellen.

Wimpel-Kuchen mit Zitrone, Mandel

UND ERDBEERE

» ZUTATEN

Für ein eckiges Backblech
25 cm x 35 cm

Für den Teig:
Zitronenkuchen, Rezept S. 10
(Variante Vanilleteig)

Für das Topping:
500 ml Milch
100 g Zucker
2 Päckchen Mandel-Pudding-
pulver
250 g weiche Butter
200 g Erdbeermarmelade

Dekoration:
500 g Fondant in Rosa
100 g Fondant in Weiß
1 EL Speisestärke
1 EL Piping Gel
Pinsel, lebensmittelecht
Zuckerblumen in Weiß
(Fertigprodukt)
½ TL Lebensmittelfarbe in
Gold, Pulver
etwas Alkohol oder Wasser

» ZUBEREITUNG

1 Für das Topping 450 ml Mich in einem Topf zum Kochen bringen. Die restlichen 50 ml Milch mit Zucker, Vanillezucker und Pudding- pulver glattrühren. Sobald die Milch anfängt zu kochen, die Pudding-Mischung unterrühren und unter ständigem Rühren ca. 2 Minuten kochen. Den Pudding mit Frischhaltefolie abdecken und 2 Stunden abkühlen lassen.

2 Den Kuchen wie auf Seite 10 beschrieben zubereiten und backen. Auskühlen lassen. Mit Erdbeermarmelade bestreichen.

3 Die weiche Butter in eine Rührschüssel geben und schaumig rühren. Den Pudding gründlich verrühren und esslöffelweise unter die Butter geben. Alles gut vermengen. Die Creme auf dem Kuchen verteilen und glattstreichen. Für 1 Stunde kaltstellen.

4 Den rosafarbenen Fondant auf einer sauberen Arbeitsfläche kurz durchkneten. Die Arbeitsfläche mit Speisestärke bestreuen und darauf den Fondant auf ca. 30 cm x 40 cm ausrollen. Auf den Kuchen legen und die Seiten mit einem scharfen Messer abschnei- den. Nun den weißen Fondant dünn ausrollen und mithilfe der Schablone auf S. 22 die Wimpel ausschneiden. Ein wenig weißen und rosa Fondant vermengen und ausrollen. Kleine Blümchen, Streifen und Punkte ausschneiden und auf die Wimpel anbrin- gen. Aus dem weißen Fondant eine dünne Rolle ausrollen und Buchstaben formen. Mit etwas Piping Gel mittig auf die Wimpel anbringen. Eine lange Rolle aus weißem Fondant ausrollen und über den Kuchen legen. Mit Piping Gel ankleben. Nun die Wimpel anbringen und ankleben. Als Nächstes die Zuckerblumen mit Piping Gel befestigen. Das Pulver der goldenen Lebensmittelfarbe mit 2–3 Tropfen Alkohol (z. B. Wodka) oder Wasser mit einem Pinsel glattrühren. Das Gold mit dem Pinsel auf die Buchstaben sowie in die Mitte der Blumen auftragen.

WO IST DAS

EINHORN?

Rainbow Cake
mit Marshmallow Topping

» ZUTATEN

Für ein eckiges Backblech
25 cm x 35 cm

Für den Teig:
Schokoladen-Buttermilch-
kuchen, Rezept S. 11

Für den Regenbogen:
je 30 g Fondant in Flieder,
Hellblau, Hellgrün, Rosa, Gelb
und Orange

Für das Marshmallow-Topping:
7 Eiweiß
430 g Puderzucker
1 TL Weinstein-Backpulver
3 Tropfen Vanille-Aroma

Außerdem:
bunte Zuckerstreusel
runde Spritztülle (ø 10 mm)
Spritzbeutel

» ZUBEREITUNG

1 Für den Regenbogen den Fondant in den jeweiligen Farben kurz durchkneten und pro Farbe je eine Rolle mit 1 cm Durchmesser und 22 cm Länge formen. Die Rollen seitlich mit etwas Wasser befeuchten und nacheinander um eine runde Schüssel mit einem Durchmesser von ca. 12 cm legen. So bekommt der Regenbogen seine runde Form. Die Enden der Rollen mit einem Messer gerade abscheiden. Bis zur Fertigstellung an der Luft trocknen lassen.

2 Den Schokoladen-Buttermilch-Kuchen wie auf Seite 11 beschrieben zubereiten, backen und auskühlen lassen.

3 Für das Marshmallow-Topping die Eiweiße mit Salz und Puder-zucker in eine Metallschüssel geben. Diese über ein Wasserbad stellen und die Masse unter gelegentlichem Rühren ca. 5 Minuten erhitzen. Weinstein-Backpulver zufügen und weitere 5 Minuten erhitzen. Nun die Masse in eine Rührschüssel umfüllen und sehr steif rühren. Zum Schluss das Vanille-Aroma untermischen.

4 Die fertige Masse in einen Spritzbeutel mit runder Tülle füllen und ein Wolkenmuster auf den Kuchen auftragen. Den fertigen Regenbogen mittig platzieren. Über dem Regenbogen „Wolken" aufspritzen. Um die Ränder des Kuchens Streusel garnieren. Der Kuchen schmeckt am besten, wenn er am selben Tag gegessen wird.

Schokokuchen
mit Kokosmilch
VEGAN

» Zutaten

Für ein eckiges Backblech
25 cm x 35 cm

Für den Teig:
400 g Kichererbsen aus der
Dose (Flüssigkeit für die Creme
aufheben)
125 g Kokosnussmilch
140 g weiche vegane Margarine
2 Päckchen Vanillezucker
150 g brauner Zucker
180 g Mehl
1 TL Backpulver
Prise Salz
60 g Backkakao
100 g Zartbitterschokolade,
gehackt

Für die Creme:
110 g Kichererbsen-Lake aus
der Dose
130 g Zucker
250 g weiche vegane Margarine
½ TL Vanillepaste
100 g Zartbitterschokolade

Für die Dekoration:
150 g gemischte Beeren
etwas Blattgold

» Zubereitung

1 Das Backblech mit Margarine auspinseln und mit Mehl bestäuben.
Den Backofen auf 160 °C (Ober-/Unterhitze) vorheizen. Für den
Teig die Kichererbsen mit der Kokosmilch mit einem Pürierstab
glatt pürieren. Die Margarine mit den Zuckern schaumig schlagen.
In einer separaten Schüssel das Mehl mit dem Backpulver, Salz
und Backkakao mischen. Die Mehl-Mischung abwechselnd mit
der Kokosnussmilchpaste zur Margarine-Masse geben und gut
verrühren. Zum Schluss die gehackte Schokolade von Hand
untermengen. Auf das Backblech geben und 45 Minuten backen.
Auskühlen lassen.

2 Für die Creme die Kichererbsen-Lake mit Zucker in eine Metallschüssel geben. Diese über ein Wasserbad stellen und die Masse
unter gelegentlichem Rühren erhitzen, bis sich der Zucker
aufgelöst hat (ca. 5 Minuten). Nun die Masse in eine Rührschüssel
umfüllen und sehr steif schlagen. Nach und nach kleine Stücke
Margarine dazugeben und weiterschlagen. Schokolade schmelzen. Zum Schluss das Vanille-Aroma und die geschmolzene
Schokolade unterrühren. Die Creme auf dem Kuchen verteilen
und glattstreichen.

3 Für die Deko drei Keks-Ausstecher in Herzform auf die Creme
legen und mit Beeren füllen. Leicht andrücken. Zum Schluss mit
Blattgold verzieren.

Schoko-Party-Cake

» ZUTATEN

Für ein eckiges Backblech
25 cm x 35 cm

Für den Teig:
200 g weiche Butter
250 g Zucker
2 Päckchen Vanillezucker
6 Eier (Größe M)
300 g Mehl
2 TL Backpulver
60 g Backkakao
150 ml Buttermilch
1 Prise Salz

Für das Topping:
400 g Sahne
600 g Zartbitterschokolade
30 g Fondant in Pink
100 g gemischte bunte
Streusel

Außerdem:
Sterntülle (4 mm)
Spritzbeutel

» ZUBEREITUNG

1 Den Backofen auf 175 °C (Ober-/Unterhitze) vorheizen. Das Backblech mit Fett einpinseln und mit Mehl bestäuben. Die Butter und den Zucker mit Vanillezucker in einer Rührschüssel sehr cremig rühren. Die Eier einzeln unterschlagen. Das Mehl mit dem Backpulver und Salz sieben, mischen und vorsichtig unter die Butter-Masse heben. Kakao mit Buttermilch vermengen, zum Teig geben und gut verrühren. Den Teig in das vorbereitete Backblech füllen und ca. 35 Minuten backen. Auskühlen lassen.

2 Für die Ganache die Schokolade kleinhacken und in eine Schüssel geben. Die Sahne erwärmen und kurz vor dem Siedepunkt über die Schokolade gießen. Kurz stehen lassen und mit einem Schneebesen glattrühren.

3 Falls Sie eine Zahl auf den Kuchen legen möchten, stellen Sie sich dafür zuerst eine Schablone her. Man kann sich zum Beispiel eine Malvorlage ausdrucken, ausschneiden und auf den ausgerollten Fondant übertragen. Mit einem scharfen Messer die Zahl ausschneiden.

4 ⅔ der Schokoladenganache über den Kuchen gießen und verstreichen. Die Fondant-Zahl anbringen und drumherum die Streusel bestreuen. Die restliche Ganache noch etwas auskühlen lassen, bis sie etwas fester wird. In einen Spritzbeutel mit der kleinen Sterntülle füllen und kleine Tupfen um den Rand des Kuchens spritzen.

Haselnuss-Mokka
Kuchen
MIT KARAMELLCREME

» ZUTATEN

Für ein eckiges Backblech
25 cm x 35 cm

Für den Teig:
240 g weiche Butter
250 g Zucker
2 Päckchen Vanillezucker
6 Eier (Größe M)
150 g gemahlene Haselnüsse
3 EL Crème fraîche
12 g Backpulver
1 Prise Salz
100 ml Kaffee zum Tränken

Für die Creme:
600 ml Milch
100 g Zucker
2 Päckchen Karamell-Pudding-
pulver
300 g weiche Butter

Außerdem:
runde Tülle (10 mm)
Spritzbeutel
Meringue
50 g weiße Kuvertüre
Zuckerperlen in Weiß

» ZUBEREITUNG

1 Die Meringue wie auf Seite 19 beschrieben idealer Weise am Vortag zubereiten.

2 Die Puddingcreme wie auf Seite 12 beschrieben zubereiten, dafür aber Puddingpulver mit Karamellgeschmack verwenden.

3 Den Backofen auf 175 °C (Ober-/Unterhitze) vorheizen. Das Backblech mit Fett einpinseln und mit Backpapier auslegen. Butter und Zucker mit Vanillezucker sehr cremig rühren. Die Eier einzeln unterschlagen. Das Mehl mit Backpulver und Salz mischen und unter die Butter-Masse heben. Crème fraîche und gemahlene Haselnüsse zufügen und verrühren. Den Teig in das Backblech füllen und ca. 35 Minuten backen. Auskühlen lassen.

4 Die weiche Butter in eine Rührschüssel geben und schaumig rühren. Den Pudding gründlich verrühren, esslöffelweise unter die Butter geben und alles gut vermengen.

Den Kuchen stürzen und horizontal durchschneiden. Mit Kaffee tränken. Die Karamell-Puddingcreme in einen Spritzbeutel mit runder Tülle füllen und auf den Kuchen spritzen. Mit der zweiten Kuchenhälfte bedecken. Die restliche Creme auf dem Kuchen verteilen und verstreichen. Weiße Kuvertüre schmelzen und über den Kuchen träufeln. Zwei bis drei Meringue zerbröseln. Den Kuchen mit Meringue, Meringue-Brösel und weißen Zuckerperlen dekorieren.

Beeren-Tiramisu

» Zutaten

Für ein eckiges Backblech
25 cm x 35 cm

Für den Teig:
240 g weiche Butter
250 g Zucker
2 Päckchen Vanillezucker
6 Eier (Größe M)
3 EL Crème fraîche
12 g Backpulver
1 Prise Salz
200 ml Orangensaft zum
Tränken

Für die Beeren-Sauce:
150 g Himbeeren
150 g Brombeeren
200 g Erdbeeren
250 g Gelierzucker 2:1

Für das Topping:
400 ml Sahne
5 EL San-Apart
750 g Mascarpone
250 g Sahnequark
150 g Zucker
800 g gemischte Beeren

Außerdem:
Französische Tülle (10 mm)
Spritzbeutel
200 g gemischte Beeren
einige Blüten

» Zubereitung

1 Den Backofen auf 175 °C (Ober-/Unterhitze) vorheizen. Das Backblech mit Fett einpinseln und mit Backpapier auslegen. Die Butter und den Zucker mit Vanillezucker in einer Rührschüssel sehr cremig rühren. Die Eier einzeln unterschlagen. Das Mehl mit dem Backpulver und Salz sieben, mischen und vorsichtig unter die Butter-Masse heben. Crème fraîche zufügen und verrühren. Den Teig in das vorbereitete Backblech füllen und ca. 35 Minuten backen. Auskühlen lassen.

2 Für die Sauce zunächst nur die Himbeeren und Brombeeren in einem Topf aufkochen. Etwas abkühlen lassen und durch ein Sieb streichen. Erdbeeren putzen, schneiden und alles zusammen in den Topf geben. Mit Gelierzucker mischen, mit einem Stabmixer pürieren und ca. 15 Minuten kochen – die Sauce sollte zum Schluss kurz sprudelnd kochen. Abkühlen lassen.

3 Beeren putzen und Erdbeeren in Scheiben schneiden. Für die Creme die Sahne mit San-Apart steif schlagen. Mascarpone, Sahnequark und Zucker kurz verrühren und Sahne unterheben. Den Kuchen aus der Form herausholen, Backpapier entfernen, in zwei Hälften horizontal durchschneiden und eine Hälfte zurück in das Backblech geben. Mit der Hälfte des Orangensafts tränken. ⅓ der Creme auf dem Kuchen verteilen. Mit Beeren belegen und mit der Hälfte der Beeren-Sauce beträufeln. ⅓ der Creme darauf verteilen. Mit der zweiten Kuchenhälfte bedecken und leicht andrücken. Mit Orangensaft beträufeln. Die restliche Creme in einen mit französischer Tülle versehenen Spritzbeutel füllen und Tupfen auf den Kuchen spritzen. Mit der restlichen Beeren-Sauce beträufeln. Mit Beeren und einigen Blüten garnieren. Das Tiramisu mindestens 4 Stunden kühlen.

Schokoladen-Cookies-
Geburtstagskuchen

» ZUTATEN

Für ein eckiges Backblech
25 cm x 35 cm

Für den Teig:
250 g weiche Butter
250 g Zucker
2 Päckchen Vanillezucker
6 Eier (Größe M)
300 g Mehl
8 g Backpulver
50 g Backkakao
200 ml Buttermilch
1 Prise Salz

Für das Topping:
Puddingcreme, Rezept S. 12,
mit Schokoladenpudding
zubereitet
180 g Black & White Cookies
100 g Schokolade

Dekoration:
Tortenfigur Drache
frischer Thymian
Geburtstagskerzen

» ZUBEREITUNG

1 Zunächst den Pudding nach Anleitung auf Seite 12 zubereiten. Hierfür aber Puddingpulver mit Schokoladengeschmack verwenden.

2 Den Backofen auf 175 °C (Ober-/Unterhitze) vorheizen. Das Backblech mit Fett einpinseln und mit Mehl bestäuben. Die weiche Butter, den Zucker und Vanillezucker in einer Rührschüssel sehr cremig rühren. Die Eier einzeln untermengen. Das Mehl mit dem Backpulver und Salz sieben, mischen und vorsichtig unter die Butter-Eier-Masse rühren. Nur so lange rühren, bis keine Klumpen mehr zu sehen sind (1 Minute reicht!). Den Backkakao mit der Buttermilch verrühren und zum Teig geben. Alles vermischen und in das vorbereitete Backblech füllen. Den Kuchen 30–35 Minuten backen. Auskühlen lassen.

3 Die Cookies sehr fein hacken. 40 g für die Garnitur zurücklegen. Die Puddingcreme fertigstellen, die Cookies-Krümel gut untermengen und auf den Kuchen verteilen. Die Schokolade schmelzen und „Pfützen" auf den Kuchen garnieren. Mit einer Drachenfigur, „Sträuchern" aus frischem Thymian und Geburtstagskerzen ist die Dekoration perfekt.

Schwarzwälder-Kirsch Art-Cake

» Zutaten

Für ein eckiges Backblech
25 cm x 35 cm

Für den Teig:
240 g weiche Butter
250 g Zucker
2 Päckchen Vanillezucker
6 Eier (Größe M)
50 g Backkakao
200 ml Buttermilch
150 g Schokolade, grob gehackt
200 g Kirschen
12 g Backpulver
1 Prise Salz

Für das Topping:
Swiss Meringue Buttercreme,
Rezept S. 14
einige Tropfen Lebensmittelfarbe in Weinrot, Petrol, Gelb
und Lila

Außerdem:
kleine Künstlerpalette

» Zubereitung

1 Den Backofen auf 175 °C (Ober-/Unterhitze) vorheizen. Das Backblech mit Fett einpinseln und mit Mehl bestäuben. Die Butter und den Zucker mit Vanillezucker in einer Rührschüssel sehr cremig rühren. Die Eier einzeln unterschlagen. Das Mehl mit dem Backpulver und Salz sieben, mischen und vorsichtig unter die Butter-Masse heben. Kakao mit Buttermilch vermengen, zum Teig geben und gut verrühren. Schokostückchen und Kirschen dazugeben und verrühren. Den Teig in das vorbereitete Back-blech füllen und ca. 35 Minuten backen. Auskühlen lassen.

2 In der Zwischenzeit die Swiss Meringue Buttercreme wie auf Seite 14 beschrieben zubereiten.

3 Eine 3 cm dicke Schicht Creme in Weiß auf dem Kuchen verteilen und verstreichen. Kuchen zwischendurch kaltstellen. Die restliche Creme auf fünf verschiedene Schälchen verteilen und mit der Lebensmittelfarbe Weinrot, Flieder, Gelb, Türkis und Petrol kräftig einfärben. Mithilfe einer kleinen Künstlerpalette nach und nach ein wenig von den bunten Cremes entnehmen und auf die weiße Creme auftragen. Dabei von der Mitte des Kuchens zur Ecke hin arbeiten und die Farbkleckse schuppenartig auftragen. Die Palette zwischen den verschiedenen Farben abwischen. Bis zum Servieren kaltstellen.

Geburtstagskuchen
mit Äpfeln

» ZUTATEN

Für ein eckiges Backblech
25 cm x 35 cm

Für den Teig:
4 säuerliche Äpfel
1 EL Speisestärke
Vanillekuchen, Rezept S. 10
150 ml Apfelsaft zum Tränken

Für das Topping:
Swiss Meringue Buttercreme,
Rezept S. 14
1 Tropfen Lebensmittelfarbe in
Grün, z. B. Eukalyptusfarben

Dekoration:
je 50 g Fondant in Pastellgelb,
Pastellgrün und Beige
1 EL Speisestärke
Zuckerstreusel
runde Tülle (10 mm)
Spritzbeutel

» ZUBEREITUNG

1 Äpfel schälen, entkernen und in kleine Stücke schneiden. In einen Topf geben und kurz aufkochen, bis die Äpfel Saft lassen. Mit Speisestärke bestäuben, vermischen und auskühlen lassen.

2 Den Vanillekuchen wie auf der Seite 10 beschrieben zubereiten, gekochte Äpfel dazugeben und vermengen. Den Kuchen ausbacken und mit Apfelsaft tränken.

3 In der Zwischenzeit die Swiss Meringue Buttercreme wie auf Seite 14 beschrieben zubereiten. Mit Lebensmittelfarbe hellgrün einfärben. Von der Creme 6 EL entnehmen und beiseitestellen. Die restliche Creme auf dem Kuchen verteilen und glattstreichen. Kaltstellen.

4 Den beigefarbenen Fondant auf einer sauberen Arbeitsfläche kurz durchkneten und daraus eine lange, dünne Rolle formen. Aus der Rolle die einzelnen Buchstaben sowie die Girlandenschnur formen. Für die Tasseln den gelben und grünen Fondant dünn ausrollen und in zehn Rechtecke (2 cm x 8 cm) schneiden. Einzelne Streifen auf der langen Seite zu ⅔ mit einem Messer einige Male einschneiden, der Länge nach in sich aufrollen. Aus den Fondant-Resten Punkte (ø 3 cm) ausschneiden. Die Dekoelemente am Kuchen anbringen. Die beiseitegelegte Creme umrühren und in einen mit runder Tülle versehenen Spritzbeutel füllen. Um den Rand herum Kleks für Kleks die Creme anbringen – dabei jeden Kleks mit einem kleinen Löffel glattstreichen. Kuchen bis zum Servieren kaltstellen.

Blondies mit Erdbeercreme

» ZUTATEN

Für ein eckiges Backblech
25 cm x 35 cm

Für den Teig:
500 g Mehl
320 g Zucker
2 Päckchen Vanillezucker
1 Prise Salz
16 g Backpulver
200 g weiche Butter
150 g Crème fraîche
250 ml Buttermilch
4 Eier
60 g Öl

Für das Topping:
400 g Frischkäse, kalt
500 g Sahne, kalt
180 g Puderzucker
2 Päckchen Vanillezucker
3 EL San-Apart

Für die Erdbeersauce:
500 g Erdbeeren, TK oder
frisch
250 g Gelierzucker 2:1

Für die Deko:
100 g frische Erdbeeren
Erdbeersauce

» ZUBEREITUNG

1 Das Backblech mit Butter auspinseln und mit Mehl bestäuben. Den Backofen auf 175 °C (Ober-/Unterhitze) vorheizen. Mehl, Zucker, Vanillezucker, Salz und Backpulver in einer Rührschüssel gut vermengen. Die Butter zugeben und 2 Minuten rühren. Die Eier mit Crème fraîche, Buttermilch und Öl kurz verrühren, unter die restliche Mischung langsam untermengen und glattrühren. Den Teig in das Backblech füllen und 40–45 Minuten backen, bis der Teig goldgelb ausgebacken ist. Auskühlen lassen.

2 Für die Erdbeersauce die Erdbeeren mit dem Gelierzucker vermengen, mit dem Stabmixer pürieren und aufkochen. 5 Minuten unter Rühren köcheln. Auskühlen lassen und 6 EL Sauce zum Verzieren beiseitestellen.

3 Für das Topping den Frischkäse, Puderzucker und Vanillezucker in eine Rührschüssel geben und diese ca. 1–2 Minuten bei niedriger Geschwindigkeit rühren. Dann die Sahne und San-Apart hinzufügen und zuerst langsam, dann immer schneller rühren, bis eine feste Konsistenz erreicht ist (ca. 2 Minuten). Zum Schluss die restliche Erdbeersauce untermengen und glattrühren. Das Topping auf dem Kuchen verteilen und glattstreichen. Mit frischen Erdbeerstücken garnieren. Die Erdbeersauce in einen kleinen Plastikbeutel füllen. Eine Ecke des Beutels abschneiden und damit den Kuchen kreisförmig mit der Erdbeersauce verzieren.

Erdbeer-Himbeer-Traumkuchen

» ZUTATEN

Für ein eckiges Backblech
25 cm x 35 cm

Für den Teig:
250 g weiche Butter
220 g Zucker
2 Päckchen Vanillezucker
6 Eier (Größe M)
300 g Mehl
2 TL Backpulver
1 Prise Salz
150 ml Apfelsaft zum Tränken

Für die Erdbeer-Himbeer-Sauce:
250 g Himbeeren
300 g Erdbeeren
250 g Gelierzucker 2:1

Für das Topping:
500 ml Milch
100 g Zucker
60 g Speisestärke
2 Päckchen Vanillezucker
250 g weiche Butter

Dekoration:
essbare Blüten
einige frische Erdbeeren und
Himbeeren

» ZUBEREITUNG

1 Für das Topping 450 ml Mich in einem Topf zum Kochen bringen. Die restlichen 50 ml Milch mit Zucker, Vanillezucker und Speisestärke glattrühren. Sobald die Milch anfängt zu kochen, die Stärke-Mischung unterrühren und unter ständigem Rühren ca. 2 Minuten kochen. Den Pudding mit Frischhaltefolie abdecken und 2 Stunden abkühlen lassen.

2 Für die Sauce zunächst nur die Himbeeren in einem Topf aufkochen. Die Himbeeren etwas abkühlen lassen und durch ein Sieb streichen. Die Erdbeeren putzen, schneiden und in den Topf zu den Himbeeren geben. Mit Gelierzucker mischen, mit dem Stabmixer pürieren und ca. 15 Minuten kochen – die Sauce sollte zum Schluss kurz sprudelnd kochen. Abkühlen lassen.

3 Das Backblech mit Butter auspinseln und mit Backpapier auslegen. Den Backofen auf 175 °C (Ober-/Unterhitze) vorheizen. Für den Teig die Butter mit dem Zucker und Vanillezucker ca. 5 Minuten lang schaumig rühren. Danach die Eier einzeln unterrühren. Inzwischen das Mehl mit dem Backpulver und Salz durchsieben und vorsichtig unter die Butter-Eier-Masse geben. In das Backblech füllen und 35 Minuten backen, bis der Teig goldgelb ausgebacken ist. Auskühlen lassen. Den Kuchen mit Apfelsaft tränken.

4 Die weiche Butter in eine Rührschüssel geben und schaumig rühren. Den Pudding gründlich verrühren und esslöffelweise unter die Butter geben. Die Himbeer-Erdbeer-Sauce in die fertige Creme geben und leicht vermischen, sodass die Creme mit der Sauce marmoriert wird. Die Creme auf dem Kuchen verteilen und glattstreichen. Den Kuchen für 1 Stunde kaltstellen. Dann in ca. 5 cm x 5 cm große Stücke teilen. Jedes Stück mit Erdbeeren, Himbeeren und einigen frischen Blüten verzieren. Bis zum Servieren kaltstellen.

Buchempfehlungen für Sie
Noch mehr kreative Bücher zum gleichen Thema gesucht?

ISBN 978-3-7724-8043-0

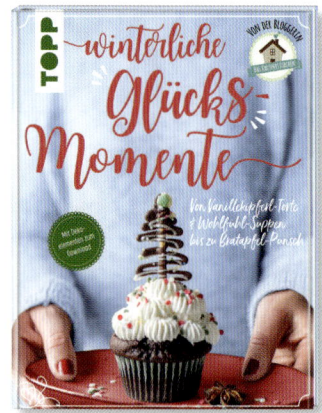

ISBN 978-3-7724-8064-5

ISBN 978-3-7724-8047-8

ISBN 978-3-7724-8065-2

ISBN 978-3-7724-8066-9

ISBN 978-3-7724-8053-9

ISBN 978-3-7724-8009-6

ISBN 978-3-7724-8061-4

ISBN 978-3-7724-8057-7

Noch mehr Kreativ-Bücher finden Sie auf www.TOPP-kreativ.de

Dürfen wir vorstellen?
Wir sind TOPP!

Uns, unsere Autoren, Bücher, Sets und viele, viele Bastelideen gibt's nicht nur auf Events und in Buchhandlungen, sondern natürlich auch online:

 www.TOPP-KREATIV.de

 www.YouTube.com/frechverlag

 www.TOPP-KREATIV.de/Newsletter

 www.Instagram.com/frechverlag

 www.Facebook.com/frechverlag

 www.Pinterest.com/frechverlag

 www.TOPP-kreativ.de/DigiBib

Impressum

Die Autorin

Jasmina Tvrdak betreibt seit einigen Jahren sehr erfolgreich ihr Unternehmen „Naschwerk & Co" (www.naschwerkundco.de), welches auf Hochzeitstorten und Sweet Tables spezialisiert ist. In ihrem hauseigenen Studio und ihrer Gewerbeküche zaubert sie Woche für Woche individuelle Torten, Cupcakes, Cake Pops und andere Köstlichkeiten.

www.naschwerkundco.de

Dank

Ich möchte mich bei meiner Familie für ihre tolle Unterstützung bedanken: Meinem Mann Kristian ein großes Dankeschön für alles, was er im Hintergrund leistet, meiner Tochter Sophia für ihre Hilfe bei der Vorbereitung der Rezepte sowie für ihre kreative Beratung und bei meinem Sohn Maximilian für das Testen der Rezepte und die technische Unterstützung. Ein Dank geht auch an meine Produktmanagerin Sandra Aichele für ihre wunderbare Unterstützung sowie an Michael Ruder und Eva Klingler für die tollen Fotos und die kreative und schöne Stimmung bei den Shootings.

KREATIV-HOTLINE
Hilfestellung zu allen Fragen, die Materialien und Bücher zu kreativen Hobbys betreffen:
Frau **Erika Noll** berät Sie. Rufen Sie an oder schreiben Sie eine E-Mail!

Telefon: 0 50 52 / 91 18 58 *
E-Mail: mail@kreativ-service.info
* normale Telefongebühren

FOTOS: frechverlag GmbH, 70499 Stuttgart; lichtpunkt, Michael Ruder, Stuttgart
VORLAGEN: designed by freepik.com
PRODUKTMANAGEMENT UND LEKTORAT: Sandra Aichele
COVER: Sandra Preinl
LAYOUT UND SATZ: DOPPELPUNKT, Stuttgart
DRUCKEREI: PBtisk, a.s.

2. Auflage 2020
© 2020 frechverlag GmbH, Turbinenstraße 7, 70499 Stuttgart
ISBN: 978-3-7724-7199-5 • Best.-Nr. 7199